Welcome
To Our
Cabin

Name_____ Date_____

Traveled From_____

Favorite Cabin Memories

_____
_____
_____
_____
_____
_____
_____
_____
_____
_____

Favorite Cabin Activities

_____
_____
_____
_____
_____
_____
_____
_____
_____
_____

Message to Host

_____
_____
_____
_____
_____

Name _____ Date _____

Traveled From _____

Favorite Cabin Memories   Favorite Cabin Activities

_____   _____
_____   _____
_____   _____
_____   _____
_____   _____
_____   _____
_____   _____
_____   _____
_____   _____
_____   _____
_____   _____
_____   _____

Message to Host

_____
_____
_____
_____
_____

Name_____ Date_____

Traveled From _____

Favorite Cabin Memories   Favorite Cabin Activities

_____   _____
_____   _____
_____   _____
_____   _____
_____   _____
_____   _____
_____   _____
_____   _____
_____   _____
_____   _____
_____   _____

Message to Host

_____
_____
_____
_____
_____

Name _____ Date _____

Traveled From _____

Favorite Cabin Memories   Favorite Cabin Activities

_____   _____
_____   _____
_____   _____
_____   _____
_____   _____
_____   _____
_____   _____

Message to Host

_____
_____
_____
_____

Name _____ Date _____

Traveled From _____

Favorite Cabin Memories   Favorite Cabin Activities

_____   _____
_____   _____
_____   _____
_____   _____
_____   _____
_____   _____
_____   _____
_____   _____
_____   _____
_____   _____

Message to Host

_____
_____
_____
_____
_____

Name _____   Date _____

Traveled From _____

Favorite Cabin Memories   Favorite Cabin Activities

_____   _____
_____   _____
_____   _____
_____   _____
_____   _____
_____   _____
_____   _____
_____   _____
_____   _____
_____   _____

Message to Host

_____
_____
_____
_____
_____

Name_____ Date _____

Traveled From _____

Favorite Cabin Memories

Favorite Cabin Activities

_____
_____
_____
_____
_____
_____
_____
_____
_____
_____
_____

Message to Host

_____
_____
_____
_____

Name _____ Date _____

Traveled From _____

Favorite Cabin Memories

_____
_____
_____
_____
_____
_____
_____
_____
_____
_____
_____
_____

Favorite Cabin Activities

_____
_____
_____
_____
_____
_____
_____
_____
_____
_____
_____
_____

Message to Host

_____
_____
_____
_____
_____
_____

Name _____ Date _____

Traveled From _____

Favorite Cabin Memories

_____
_____
_____
_____
_____
_____
_____
_____
_____
_____

Favorite Cabin Activities

_____
_____
_____
_____
_____
_____
_____
_____
_____
_____

Message to Host

_____
_____
_____
_____
_____

Name _____ Date _____

Traveled From _____

Favorite Cabin Memories

_____

_____

_____

_____

_____

_____

_____

_____

_____

Favorite Cabin Activities

_____

_____

_____

_____

_____

_____

_____

_____

_____

Message to Host

_____

_____

_____

_____

Name_____ Date_____

Traveled From_____

Favorite Cabin Memories   Favorite Cabin Activities

_____   _____
_____   _____
_____   _____
_____   _____
_____   _____
_____   _____
_____   _____
_____   _____
_____   _____
_____   _____
_____   _____

Message to Host

_____
_____
_____
_____
_____

Name_____   Date_____

Traveled From_____

Favorite Cabin Memories   Favorite Cabin Activities

_____   _____
_____   _____
_____   _____
_____   _____
_____   _____
_____   _____
_____   _____
_____   _____
_____   _____
_____   _____
_____   _____

Message to Host

_____
_____
_____
_____
_____

Name_____ Date_____

Traveled From_____

Favorite Cabin Memories   Favorite Cabin Activities

_____   _____
_____   _____
_____   _____
_____   _____
_____   _____
_____   _____
_____   _____
_____   _____
_____   _____
_____   _____

Message to Host

_____
_____
_____
_____
_____

Name _____   Date _____

Traveled From _____

Favorite Cabin Memories   Favorite Cabin Activities

_____   _____
_____   _____
_____   _____
_____   _____
_____   _____
_____   _____
_____   _____
_____   _____
_____   _____
_____   _____

Message to Host

_____
_____
_____
_____

Name_____ Date_____

Traveled From _____

Favorite Cabin Memories   Favorite Cabin Activities

_____   _____
_____   _____
_____   _____
_____   _____
_____   _____
_____   _____
_____   _____
_____   _____
_____   _____
_____   _____

Message to Host

_____
_____
_____
_____
_____

Name _____   Date _____

Traveled From _____

Favorite Cabin Memories   Favorite Cabin Activities

_____   _____
_____   _____
_____   _____
_____   _____
_____   _____
_____   _____
_____   _____
_____   _____
_____   _____
_____   _____

Message to Host

_____
_____
_____
_____
_____

Name_____ Date_____

Traveled From _____

Favorite Cabin Memories   Favorite Cabin Activities

_____   _____
_____   _____
_____   _____
_____   _____
_____   _____
_____   _____
_____   _____
_____   _____
_____   _____
_____   _____

Message to Host

_____
_____
_____
_____
_____

Name _____   Date _____

Traveled From _____

Favorite Cabin Memories   Favorite Cabin Activities

_____   _____
_____   _____
_____   _____
_____   _____
_____   _____
_____   _____
_____   _____
_____   _____
_____   _____
_____   _____

Message to Host

_____
_____
_____
_____

Name_____ Date_____

Traveled From _____

Favorite Cabin Memories   Favorite Cabin Activities

_____   _____
_____   _____
_____   _____
_____   _____
_____   _____
_____   _____
_____   _____
_____   _____
_____   _____

Message to Host

_____
_____
_____
_____

Name_____   Date_____

Traveled From_____

Favorite Cabin Memories   Favorite Cabin Activities

_____   _____
_____   _____
_____   _____
_____   _____
_____   _____
_____   _____
_____   _____
_____   _____
_____   _____

Message to Host

_____
_____
_____
_____

Name_____ Date_____

Traveled From _____

Favorite Cabin Memories   Favorite Cabin Activities

_____   _____
_____   _____
_____   _____
_____   _____
_____   _____
_____   _____
_____   _____
_____   _____
_____   _____

Message to Host

_____
_____
_____
_____

Name _____ Date _____

Traveled From _____

Favorite Cabin Memories

Favorite Cabin Activities

Message to Host

Name_____   Date_____

Traveled From_____

Favorite Cabin Memories   Favorite Cabin Activities

_____   _____
_____   _____
_____   _____
_____   _____
_____   _____
_____   _____
_____   _____
_____   _____
_____   _____

Message to Host

_____
_____
_____
_____

Name_____ Date_____

Traveled From_____

Favorite Cabin Memories   Favorite Cabin Activities

_____   _____
_____   _____
_____   _____
_____   _____
_____   _____
_____   _____
_____   _____
_____   _____
_____   _____
_____   _____
_____
_____

Message to Host

_____
_____
_____
_____
_____

Name _____ Date _____

Traveled From _____

Favorite Cabin Memories

_____
_____
_____
_____
_____
_____
_____
_____
_____
_____

Favorite Cabin Activities

_____
_____
_____
_____
_____
_____
_____
_____
_____
_____

Message to Host

_____
_____
_____
_____
_____

Name _____ Date _____

Traveled From _____

Favorite Cabin Memories   Favorite Cabin Activities

_____   _____
_____   _____
_____   _____
_____   _____
_____   _____
_____   _____
_____   _____
_____   _____
_____   _____

Message to Host

_____
_____
_____
_____

Name_____ Date_____

Traveled From_____

Favorite Cabin Memories

Favorite Cabin Activities

Message to Host

Name _____ Date _____

Traveled From _____

Favorite Cabin Memories   Favorite Cabin Activities

_____   _____
_____   _____
_____   _____
_____   _____
_____   _____
_____   _____
_____   _____
_____   _____
_____   _____

Message to Host

_____
_____
_____
_____

Name _____ Date _____

Traveled From _____

Favorite Cabin Memories

_____
_____
_____
_____
_____
_____
_____
_____
_____
_____
_____

Favorite Cabin Activities

_____
_____
_____
_____
_____
_____
_____
_____
_____

Message to Host

_____
_____
_____
_____

Name _____ Date _____

Traveled From _____

Favorite Cabin Memories   Favorite Cabin Activities

_____   _____
_____   _____
_____   _____
_____   _____
_____   _____
_____   _____
_____   _____
_____   _____
_____   _____

Message to Host

_____
_____
_____
_____

Name_____ Date_____

Traveled From _____

Favorite Cabin Memories   Favorite Cabin Activities

_____   _____
_____   _____
_____   _____
_____   _____
_____   _____
_____   _____
_____   _____
_____   _____
_____   _____
_____   _____

Message to Host

_____
_____
_____
_____

Name _____ Date _____

Traveled From _____

Favorite Cabin Memories   Favorite Cabin Activities

_____   _____
_____   _____
_____   _____
_____   _____
_____   _____
_____   _____
_____   _____
_____   _____
_____   _____

Message to Host

_____
_____
_____
_____
_____

Name_____ Date_____

Traveled From_____

Favorite Cabin Memories   Favorite Cabin Activities

_____   _____
_____   _____
_____   _____
_____   _____
_____   _____
_____   _____
_____   _____
_____   _____
_____   _____
_____   _____

Message to Host

_____
_____
_____
_____
_____

Name_____ Date_____

Traveled From_____

Favorite Cabin Memories   Favorite Cabin Activities

_____   _____
_____   _____
_____   _____
_____   _____
_____   _____
_____   _____
_____   _____
_____   _____
_____   _____
_____   _____

Message to Host

_____
_____
_____
_____

Name_____   Date_____

Traveled From_____

Favorite Cabin Memories   Favorite Cabin Activities

_____   _____
_____   _____
_____   _____
_____   _____
_____   _____
_____   _____
_____   _____
_____   _____
_____   _____
_____

Message to Host

_____
_____
_____
_____
_____

Name _____ Date _____

Traveled From _____

Favorite Cabin Memories

_____
_____
_____
_____
_____
_____
_____
_____
_____
_____
_____

Favorite Cabin Activities

_____
_____
_____
_____
_____
_____
_____
_____
_____
_____
_____

Message to Host

_____
_____
_____
_____
_____

Name_____ Date_____

Traveled From_____

Favorite Cabin Memories

_____
_____
_____
_____
_____
_____
_____
_____
_____
_____
_____

Favorite Cabin Activities

_____
_____
_____
_____
_____
_____
_____
_____
_____

Message to Host

_____
_____
_____
_____
_____

Name _____ Date _____

Traveled From _____

Favorite Cabin Memories   Favorite Cabin Activities

_____   _____
_____   _____
_____   _____
_____   _____
_____   _____
_____   _____
_____   _____
_____   _____

Message to Host

_____
_____
_____
_____

Name_____ Date_____

Traveled From _____

Favorite Cabin Memories

_____

_____

_____

_____

_____

_____

_____

_____

_____

_____

Favorite Cabin Activities

_____

_____

_____

_____

_____

_____

_____

_____

Message to Host

_____

_____

_____

_____

_____

Name _____ Date _____

Traveled From _____

Favorite Cabin Memories   Favorite Cabin Activities

_____   _____
_____   _____
_____   _____
_____   _____
_____   _____
_____   _____
_____   _____
_____   _____
_____   _____
_____   _____

Message to Host

_____
_____
_____
_____

Name _____ Date _____

Traveled From _____

Favorite Cabin Memories

Favorite Cabin Activities

Message to Host

Name _____   Date _____

Traveled From _____

Favorite Cabin Memories   Favorite Cabin Activities

_____   _____
_____   _____
_____   _____
_____   _____
_____   _____
_____   _____
_____   _____
_____   _____
_____   _____

Message to Host

_____
_____
_____
_____

Name_____ Date _____

Traveled From _____

Favorite Cabin Memories   Favorite Cabin Activities

_____   _____
_____   _____
_____   _____
_____   _____
_____   _____
_____   _____
_____   _____
_____   _____
_____   _____
_____   _____

Message to Host

_____
_____
_____
_____
_____

Name _____ Date _____

Traveled From _____

Favorite Cabin Memories

_____
_____
_____
_____
_____
_____
_____
_____
_____
_____

Favorite Cabin Activities

_____
_____
_____
_____
_____
_____
_____
_____
_____
_____

Message to Host

_____
_____
_____
_____

Name _____ Date _____

Traveled From _____

Favorite Cabin Memories   Favorite Cabin Activities

_____   _____
_____   _____
_____   _____
_____   _____
_____   _____
_____   _____
_____   _____
_____   _____
_____   _____
_____   _____

Message to Host

_____
_____
_____
_____

Name _____   Date _____

Traveled From _____

Favorite Cabin Memories   Favorite Cabin Activities

_____   _____
_____   _____
_____   _____
_____   _____
_____   _____
_____   _____
_____   _____
_____   _____
_____   _____

Message to Host

_____
_____
_____
_____

Name _____ Date _____

Traveled From _____

Favorite Cabin Memories   Favorite Cabin Activities

_____   _____
_____   _____
_____   _____
_____   _____
_____   _____
_____   _____
_____   _____
_____   _____

Message to Host

_____
_____
_____
_____

Name _____   Date _____

Traveled From _____

Favorite Cabin Memories   Favorite Cabin Activities

_____   _____
_____   _____
_____   _____
_____   _____
_____   _____
_____   _____
_____   _____
_____   _____
_____   _____
_____   _____

Message to Host

_____
_____
_____
_____
_____

Name_____ Date _____

Traveled From_____

Favorite Cabin Memories   Favorite Cabin Activities

_____   _____
_____   _____
_____   _____
_____   _____
_____   _____
_____   _____
_____   _____
_____   _____
_____   _____

Message to Host

_____
_____
_____
_____

Name _____ Date _____

Traveled From _____

Favorite Cabin Memories   Favorite Cabin Activities

_____   _____
_____   _____
_____   _____
_____   _____
_____   _____
_____   _____
_____   _____
_____   _____
_____   _____

Message to Host

_____
_____
_____
_____

Name_____ Date_____

Traveled From_____

Favorite Cabin Memories   Favorite Cabin Activities

_____   _____
_____   _____
_____   _____
_____   _____
_____   _____
_____   _____
_____   _____
_____   _____
_____   _____

Message to Host

_____
_____
_____
_____
_____

Name _____ Date _____

Traveled From _____

Favorite Cabin Memories   Favorite Cabin Activities

_____   _____
_____   _____
_____   _____
_____   _____
_____   _____
_____   _____
_____   _____
_____   _____
_____   _____
_____   _____

Message to Host

_____
_____
_____
_____

Name_____ Date _____

Traveled From _____

Favorite Cabin Memories   Favorite Cabin Activities

_____   _____
_____   _____
_____   _____
_____   _____
_____   _____
_____   _____
_____   _____
_____   _____
_____   _____
_____

Message to Host

_____
_____
_____
_____
_____

Name _____   Date _____

Traveled From _____

Favorite Cabin Memories   Favorite Cabin Activities

_____   _____
_____   _____
_____   _____
_____   _____
_____   _____
_____   _____
_____   _____
_____   _____
_____   _____

Message to Host

_____
_____
_____
_____
_____

Name_____ Date _____

Traveled From _____

Favorite Cabin Memories   Favorite Cabin Activities

_____   _____
_____   _____
_____   _____
_____   _____
_____   _____
_____   _____
_____   _____
_____   _____
_____   _____
_____   _____

Message to Host

_____
_____
_____
_____
_____

Name _____ Date _____

Traveled From _____

Favorite Cabin Memories

_____
_____
_____
_____
_____
_____
_____
_____

Favorite Cabin Activities

_____
_____
_____
_____
_____
_____
_____
_____

Message to Host

_____
_____
_____
_____
_____

Name _____ Date _____

Traveled From _____

Favorite Cabin Memories   Favorite Cabin Activities

_____   _____
_____   _____
_____   _____
_____   _____
_____   _____
_____   _____
_____   _____
_____   _____
_____
_____
_____

Message to Host

_____
_____
_____
_____
_____

Name _____ Date _____

Traveled From _____

Favorite Cabin Memories

_____
_____
_____
_____
_____
_____
_____

Favorite Cabin Activities

_____
_____
_____
_____
_____
_____
_____

Message to Host

_____
_____
_____
_____
_____

Name_____ Date_____

Traveled From _____

Favorite Cabin Memories

_____
_____
_____
_____
_____
_____
_____
_____
_____
_____

Favorite Cabin Activities

_____
_____
_____
_____
_____
_____
_____
_____

Message to Host

_____
_____
_____
_____
_____

Name _____ Date _____

Traveled From _____

Favorite Cabin Memories   Favorite Cabin Activities

_____   _____
_____   _____
_____   _____
_____   _____
_____   _____
_____   _____
_____   _____
_____   _____
_____   _____
_____   _____

Message to Host

_____
_____
_____
_____

Name _____ Date _____

Traveled From _____

Favorite Cabin Memories

_____
_____
_____
_____
_____
_____
_____
_____
_____
_____
_____
_____

Favorite Cabin Activities

_____
_____
_____
_____
_____
_____
_____
_____
_____
_____
_____

Message to Host

_____
_____
_____
_____
_____

Name _____   Date _____

Traveled From _____

Favorite Cabin Memories   Favorite Cabin Activities

_____   _____
_____   _____
_____   _____
_____   _____
_____   _____
_____   _____
_____   _____
_____   _____
_____   _____

Message to Host

_____
_____
_____
_____
_____

Name_____ Date_____

Traveled From _____

Favorite Cabin Memories

Favorite Cabin Activities

Message to Host

Name _____ Date _____

Traveled From _____

Favorite Cabin Memories

_____
_____
_____
_____
_____
_____
_____
_____
_____

Favorite Cabin Activities

_____
_____
_____
_____
_____
_____
_____
_____
_____

Message to Host

_____
_____
_____
_____
_____

Name _____ Date _____

Traveled From _____

Favorite Cabin Memories   Favorite Cabin Activities

_____   _____
_____   _____
_____   _____
_____   _____
_____   _____
_____   _____
_____   _____
_____   _____
_____   _____
_____   _____

Message to Host

_____
_____
_____
_____
_____

Name_____   Date_____

Traveled From_____

Favorite Cabin Memories   Favorite Cabin Activities

_____   _____
_____   _____
_____   _____
_____   _____
_____   _____
_____   _____
_____   _____
_____   _____
_____   _____
_____   _____

Message to Host

_____
_____
_____
_____
_____

Name_____ Date_____

Traveled From_____

Favorite Cabin Memories

_____
_____
_____
_____
_____
_____
_____
_____
_____
_____
_____

Favorite Cabin Activities

_____
_____
_____
_____
_____
_____
_____
_____
_____

Message to Host

_____
_____
_____
_____
_____

Name _____ Date _____

Traveled From _____

Favorite Cabin Memories

_____
_____
_____
_____
_____
_____
_____
_____
_____
_____

Favorite Cabin Activities

_____
_____
_____
_____
_____
_____
_____
_____
_____
_____

Message to Host

_____
_____
_____
_____
_____

Name _____ Date _____

Traveled From _____

Favorite Cabin Memories

Favorite Cabin Activities

Message to Host

Name _____ Date _____

Traveled From _____

Favorite Cabin Memories   Favorite Cabin Activities

_____   _____
_____   _____
_____   _____
_____   _____
_____   _____
_____   _____
_____   _____
_____   _____
_____   _____

Message to Host

_____
_____
_____
_____
_____

Name _____ Date _____

Traveled From _____

Favorite Cabin Memories

_____
_____
_____
_____
_____
_____
_____
_____
_____
_____

Favorite Cabin Activities

_____
_____
_____
_____
_____
_____
_____
_____
_____

Message to Host

_____
_____
_____
_____

Name _____   Date _____

Traveled From _____

Favorite Cabin Memories   Favorite Cabin Activities

_____   _____
_____   _____
_____   _____
_____   _____
_____   _____
_____   _____
_____   _____
_____   _____
_____   _____

Message to Host

_____
_____
_____
_____

Name _____ Date _____

Traveled From _____

Favorite Cabin Memories

_____
_____
_____
_____
_____
_____
_____
_____
_____
_____

Favorite Cabin Activities

_____
_____
_____
_____
_____
_____
_____
_____
_____
_____

Message to Host

_____
_____
_____
_____
_____

Name _____ Date _____

Traveled From _____

Favorite Cabin Memories

Favorite Cabin Activities

_____
_____
_____
_____
_____
_____
_____
_____
_____
_____

_____
_____
_____
_____
_____
_____
_____
_____
_____
_____

Message to Host

_____
_____
_____
_____
_____

Name_____ Date_____

Traveled From_____

Favorite Cabin Memories

_____
_____
_____
_____
_____
_____
_____
_____
_____
_____

Favorite Cabin Activities

_____
_____
_____
_____
_____
_____
_____

Message to Host

_____
_____
_____
_____
_____

Name _____ Date _____

Traveled From _____

Favorite Cabin Memories

_____
_____
_____
_____
_____
_____
_____
_____
_____
_____

Favorite Cabin Activities

_____
_____
_____
_____
_____
_____
_____
_____
_____
_____

Message to Host

_____
_____
_____
_____

Name _____ Date _____

Traveled From _____

Favorite Cabin Memories   Favorite Cabin Activities

_____   _____
_____   _____
_____   _____
_____   _____
_____   _____
_____   _____
_____   _____
_____   _____
_____   _____
_____   _____

Message to Host

_____
_____
_____
_____

Name _____   Date _____

Traveled From _____

Favorite Cabin Memories   Favorite Cabin Activities

_____   _____
_____   _____
_____   _____
_____   _____
_____   _____
_____   _____
_____   _____
_____   _____
_____   _____
_____   _____

Message to Host

_____
_____
_____
_____

Name _____ Date _____

Traveled From _____

Favorite Cabin Memories   Favorite Cabin Activities

_____   _____
_____   _____
_____   _____
_____   _____
_____   _____
_____   _____
_____   _____
_____   _____
_____   _____

Message to Host

_____
_____
_____
_____
_____

Name _____ Date _____

Traveled From _____

Favorite Cabin Memories   Favorite Cabin Activities

_____   _____
_____   _____
_____   _____
_____   _____
_____   _____
_____   _____
_____   _____
_____   _____

Message to Host

_____
_____
_____
_____
_____

Name _____ Date _____

Traveled From _____

Favorite Cabin Memories

_____
_____
_____
_____
_____
_____
_____
_____
_____
_____

Favorite Cabin Activities

_____
_____
_____
_____
_____
_____
_____
_____
_____
_____

Message to Host

_____
_____
_____
_____
_____

Name _____   Date _____

Traveled From _____

Favorite Cabin Memories   Favorite Cabin Activities

_____   _____
_____   _____
_____   _____
_____   _____
_____   _____
_____   _____
_____   _____
_____   _____
_____   _____
_____   _____

Message to Host

_____
_____
_____
_____

Name _____ Date _____

Traveled From _____

Favorite Cabin Memories

Favorite Cabin Activities

_____
_____
_____
_____
_____
_____
_____
_____
_____
_____
_____
_____

Message to Host

_____
_____
_____
_____
_____
_____

Name _____ Date _____

Traveled From _____

Favorite Cabin Memories

_____
_____
_____
_____
_____
_____
_____
_____

Favorite Cabin Activities

_____
_____
_____
_____
_____
_____
_____
_____

Message to Host

_____
_____
_____
_____
_____

Name _____ Date _____

Traveled From _____

Favorite Cabin Memories

_____
_____
_____
_____
_____
_____
_____
_____
_____
_____
_____

Favorite Cabin Activities

_____
_____
_____
_____
_____
_____
_____
_____

Message to Host

_____
_____
_____
_____

Name _____   Date _____

Traveled From _____

Favorite Cabin Memories   Favorite Cabin Activities

_____   _____
_____   _____
_____   _____
_____   _____
_____   _____
_____   _____
_____   _____
_____   _____
_____   _____

Message to Host

_____
_____
_____
_____

Name_____ Date_____

Traveled From_____

Favorite Cabin Memories

_____
_____
_____
_____
_____
_____
_____
_____
_____
_____

Favorite Cabin Activities

_____
_____
_____
_____
_____
_____
_____
_____
_____
_____

Message to Host

_____
_____
_____
_____

Name _____ Date _____

Traveled From _____

Favorite Cabin Memories   Favorite Cabin Activities

_____   _____
_____   _____
_____   _____
_____   _____
_____   _____
_____   _____
_____   _____
_____   _____
_____   _____
_____   _____

Message to Host

_____
_____
_____
_____
_____

Name _____ Date _____

Traveled From _____

Favorite Cabin Memories

_____
_____
_____
_____
_____
_____
_____
_____
_____
_____
_____
_____

Favorite Cabin Activities

_____
_____
_____
_____
_____
_____
_____
_____

Message to Host

_____
_____
_____
_____
_____

Name _____   Date _____

Traveled From _____

Favorite Cabin Memories   Favorite Cabin Activities

_____   _____
_____   _____
_____   _____
_____   _____
_____   _____
_____   _____
_____   _____
_____   _____
_____   _____
_____

                        Message to Host

            _____
            _____
            _____
            _____
            _____

Name_____ Date_____

Traveled From_____

Favorite Cabin Memories

Favorite Cabin Activities

Message to Host

Name _____   Date _____

Traveled From _____

Favorite Cabin Memories   Favorite Cabin Activities

_____   _____
_____   _____
_____   _____
_____   _____
_____   _____
_____   _____
_____   _____
_____   _____
_____   _____
_____   _____
_____   _____

Message to Host

_____
_____
_____
_____

Name _____ Date _____

Traveled From _____

Favorite Cabin Memories   Favorite Cabin Activities

_____   _____
_____   _____
_____   _____
_____   _____
_____   _____
_____   _____
_____   _____
_____   _____
_____   _____
_____   _____

Message to Host

_____
_____
_____
_____
_____

Name _____ Date _____

Traveled From _____

Favorite Cabin Memories   Favorite Cabin Activities

_____   _____
_____   _____
_____   _____
_____   _____
_____   _____
_____   _____
_____   _____
_____   _____
_____   _____

Message to Host

_____
_____
_____
_____
_____

Name_____ Date_____

Traveled From_____

Favorite Cabin Memories   Favorite Cabin Activities

_____   _____
_____   _____
_____   _____
_____   _____
_____   _____
_____   _____
_____   _____
_____   _____
_____   _____
_____   _____

Message to Host

_____
_____
_____
_____
_____

Name _____   Date _____

Traveled From _____

Favorite Cabin Memories   Favorite Cabin Activities

_____   _____
_____   _____
_____   _____
_____   _____
_____   _____
_____   _____
_____   _____
_____   _____
_____   _____
_____   _____
_____

Message to Host

_____
_____
_____
_____

Name_____ Date_____

Traveled From_____

Favorite Cabin Memories   Favorite Cabin Activities

_____   _____
_____   _____
_____   _____
_____   _____
_____   _____
_____   _____
_____   _____
_____   _____
_____   _____
_____   _____
_____   _____

Message to Host

_____
_____
_____
_____

Name _____   Date _____

Traveled From _____

Favorite Cabin Memories   Favorite Cabin Activities

_____   _____
_____   _____
_____   _____
_____   _____
_____   _____
_____   _____
_____   _____
_____   _____
_____   _____

Message to Host

_____
_____
_____
_____

Name_____ Date_____

Traveled From_____

Favorite Cabin Memories   Favorite Cabin Activities

Message to Host